LES

CINQ MILLIARDS

DE LA PRUSSE

ET LE BUDGET DE LA FRANCE

PAR

ALFRED DE LA BASTIE

LYON

IMPRIMERIE D'AIMÉ VINGTRINIER

Rue de la Belle-Cordière, 14

—

1871

LES

CINQ MILLIARDS DE LA PRUSSE

ET LE BUDGET DE LA FRANCE

I

La paix qui vient d'être signée place la France dans une condition d'infériorité réelle ; elle détruit son prestige, ruine ses finances et la met dans l'impossibilité de pouvoir faire entendre sa voix dans le concert européen.

En face d'une situation si triste et si pénible, toute récrimination devient superflue ; nous subissons la loi du plus fort, mais nous ne devons pas nous abandonner à un désespoir qui est toujours une lâcheté, et qui, en nous ôtant toute énergie, rendrait impossible notre résurrection. Dans notre pays et même à l'étranger, le sentiment public a fait justice des auteurs de nos désastres, et l'histoire dira sur qui doit retomber la lourde responsabilité des faits criminels ou malheureux qui se sont passés du 15 juillet au 4 septembre, et depuis cette époque jusqu'au traité de paix. De plus longs efforts auraient été aussi stériles que désastreux; la seule résolution pratique était celle que l'Assemblée nationale a prise, quelque douloureuse qu'elle fût. La nation saura gré aux négociateurs d'avoir imposé silence à leurs colères et refoulé dans leur cœur les larmes et l'indignation qui les dévoraient ; ils ont compris que la lutte n'étant plus possible, la guerre à outrance et jusqu'à l'anéantissement complet, devenait une monstrueuse folie, qui ne sauvegardait pas même l'honneur national, et qui mettait la France dans l'impossibilité de jamais se relever.

La paix lui laisse le temps de réparer ses forces ; elle a été vaincue, mais elle a assez de gloires et de triomphes dans son passé pour avouer sa défaite sans rougir ; assez d'énergie et de bon sens pour profiter de la cruelle leçon qu'elle vient de recevoir.

Endormie par le régime impérial, énervée par quatre-vingts ans de révolutions, elle avait besoin d'une secousse violente pour sortir de sa torpeur et mesurer la profondeur de l'abîme où elle allait peu à peu s'enfoncer.

Courage donc et à l'œuvre ! la constitution du pays est robuste, et ses blessures, quoique profondes, seront bien vite cicatrisées ; la détresse est grande, mais plaie d'argent n'est pas mortelle, et nos ressources sont encore immenses. Le travail, l'ordre, l'économie et par-dessus tout l'honnêteté d'un gouvernement vraiment national, nous rendront en peu de temps une prospérité dont nous saurons faire un meilleur usage que par le passé.

Mais surtout pas d'égoïsme, ne continuons pas à escompter l'avenir au profit du présent : cette théorie fatale nous perdrait ; demandons aux ressources actuelles ce qu'il faut pour effacer la trace de nos désastres, et prouvons notre virilité en réparant nous-mêmes les fautes que nous avons commises. Nos enfants, je l'espère, seront meilleurs que nous ; instruits par notre expérience, connaissant les causes du mal dont nous souffrons, il faut qu'ils n'aient pas à les réparer. Comprenons surtout la nécessité d'une expiation et faisons un effort suprême ; personne ne reculera devant des charges nouvelles, et tandis que nous rachèterons par des privations le luxe et les folies de ces dernières années, la réflexion nous ramènera à la pratique des lois sociales et aux principes fondamentaux qui font les nations grandes et respectées.

La question qui prime les autres et qui s'impose tout d'abord à l'esprit de nos représentants est la question financière.

Sous ce rapport, la solution est sombre et pleine d'anxiété. L'empire nous a laissé une dette de près de quinze milliards, la guerre actuelle y fait son lugubre apport : cinq milliards à payer à l'Allemagne et autant pour solder les dépenses faites, exécuter les travaux les plus indispensables, payer les propriétés détruites pour cause d'utilité publique et secourir les victimes de l'occupation étrangère.

Nous sommes donc en face d'une dette de vingt milliards et d'une réorganisation militaire indispensable et immédiate. Puisque la force prime le droit, il faut que nous nous mettions en mesure de faire sentir à qui le méritera le poids de notre épée ; nous devons, sous peine de déchéance, reprendre notre position dans le monde et nous prémunir contre les nouvelles tentatives de conquête de la puissance qui a juré notre ruine ; la réorganisation de notre armée sur de nouvelles bases va se faire rapidement, mais il faut que la création d'un matériel de guerre formidable ait lieu simultanément. A cet effet, de grandes sommes seront nécessaires, et on se demande s'il sera matériellement possible de les trouver?

Je réponds hardiment : Oui, si nous avons la volonté de nous relever et de redevenir la grande nation, la nation immortelle dont on pouvait dire, sans trop de forfanterie : *Gesta Dei per Francos*.

II

Sous l'empire, le budget, toujours croissant, se soldait chaque année, en temps de paix et au milieu d'une grande prospérité, par un déficit régulier qui nécessitait trop souvent l'ouverture du grand livre de la dette publique; on se demande donc au premier abord comment on pourra faire, dans les circonstances actuelles, pour établir la balance entre les recettes et les dépenses. La charge écrasante que nous devons subir nous est imposée dans un moment où le commerce, indécis ou entravé, ne pourra que peu à peu reprendre son essor; où plusieurs départements, ruinés auront de la peine à payer leurs impôts et où notre budget perdra forcément la part de recettes afférente aux territoires qui nous sont enlevés. Quelle main assez habile ramènera l'équilibre ? Les dix milliards qu'il nous faut pour liquider les comptes de cette malheureuse guerre représentent une charge nouvelle d'au moins cinq cents millions pour l'intérêt, et de cent millions pour l'amortissement ; si on veut emprunter cette somme énorme, on ne la trouvera qu'à des conditions très-onéreuses, six ou sept pour cent, et alors au lieu de six cents millions, c'est sept ou huit cents millions que nous aurons à trouver chaque année sur les économies de notre budget ou au moyen d'expédients nouveaux. Procéder ainsi, serait éterniser une situation précaire et léguer à nos enfants un fardeau qui nuirait à leur liberté d'action.

Ne vaudrait-il pas mieux adopter un moyen plus radical et plus simple, dont je ne me dissimule pas les inconvénients, mais qui présente, entre autres avantages, celui de laisser intactes les ressources actuelles, de relever le crédit et de permettre de consacrer à la réorganisation militaire de notre pays les sommes qui seront jugées nécessaires?

Le plan de la Prusse a été de nous ruiner et de nous mettre dans l'impossibilité de nous relever ; après avoir ravagé les parties du territoire qu'elle a occupées, elle a réclamé une indemnité qui n'est autre chose que le pillage régulièrement organisé des contrées qui ont échappé à ses convoitises ; elle croit sans doute que nous ne pourrons faire honneur à nos affaires : il faut qu'elle soit trompée.

Tout plan financier nouveau doit nécessairement avoir pour base, d'une part l'ordre et l'économie provenant de réformes considérables, et la création d'impôts nouveaux et temporaires ; d'autre part, j'y ajouterai une combinaison qui, en diminuant d'une manière notable les charges annuelles, contribuera à abréger la durée et le nombre des sacrifices que chacun va être obligé de s'imposer.

III

Quel est l'homme en France qui, s'il avait pu, par l'abandon de ses revenus d'un an, conjurer les malheurs qui sont venus fondre sur sa patrie, n'aurait fait ce sacrifice de grand cœur ? — Personne assurément.

Aujourd'hui, il s'agit de réparer un désastre sans précédent et de rendre à la France son ancienne grandeur. La catastrophe, au prix des plus durs sacrifices, n'a pu être évitée, mais avec une ferme volonté le mal peut être réparé.

Les revenus de la France s'élèvent, d'après les évaluations les plus modestes, à treize milliards ; en supposant, ce qui n'est pas, que la guerre ait été cause d'une diminution de trois milliards, il resterait un revenu de dix milliards, qui correspond à la somme dont le pays a besoin.

Je propose d'affecter ce revenu, comme garantie et caution d'une pareille somme de billets de banque que l'on aurait la faculté d'émettre avec cours forcé. L'Etat aurait recours, pendant dix ans seulement, à cette caution au moyen d'annuités dont l'importance varierait suivant ses besoins.

L'émission d'une pareille masse de billets effraie au premier abord; cependant en examinant dans quelles conditions elle aurait lieu, aucune perte n'étant à craindre, on ne pourrait la comparer à celle des assignats, émis sans limites et ne reposant que sur un gage hypothétique.

Les premiers avantages de cette combinaison seraient de procurer à l'Etat une économie annuelle de sept à huit cents millions au moins, représentés par l'intérêt et l'amortissement de l'emprunt, et d'éviter un remboursement qui deviendrait de plus en plus onéreux à mesure que le rétablissement inévitable et progressif du crédit de la France élèverait le cours de la rente.

Un autre avantage immense au point de vue de l'amour-propre national serait de pouvoir débarrasser immédiatement notre sol de la présence de nos maudits envahisseurs, en leur soldant sans retard la rançon qu'ils ont exigée de nous.

Enfin nous serions dispensés, par suite du départ immédiat de l'ennemi, de l'entretien onéreux et vexatoire d'une armée allemande; il y aurait encore là un bénéfice annuel de cent millions au moins.

En face de ces avantages incontestables, il y a des inconvénients; mais quelle est la mesure qui n'en présentera pas de plus nombreux et de plus réels? Le papier ne restant plus dans la proportion normale, le numéraire qu'il représente prendra une valeur supérieure à son titre, ce qui en restreindra la circulation; de là un droit de change qui sera onéreux pour tous.

Cette objection, qui est la seule sérieuse, n'est pas de nature à contre-balancer l'économie qui résulterait de ma combinaison. Il s'établirait peut-être un change, mais la garantie de l'Etat, la caution particulière de chaque citoyen, le retrait annuel d'un milliard de papier, en enlevant toute espèce de crainte sur le remboursement de ce signe représentatif, lui rendra en peu de temps sa valeur nominale. Au plus fort de la guerre, alors que les craintes les plus sérieuses sur l'avenir du pays pouvaient se faire jour et que le public voyait le gouvernement de la défense nationale lancer dans la circulation une quantité de billets de banque, dont l'importance toujours croissante devait nécessiter pour longtemps encore le cours forcé, l'or se donnait presque au pair.

Notre papier serait donc parfaitement accepté ; la création de billets de vingt francs faciliterait toutes les transactions et empêcherait l'impôt du change de se produire dans les relations ordinaires de la vie. La rente française, ne craignant plus d'être écrasée par des titres innombrables, qui auraient de la peine à se classer, se relèverait vivement et le crédit de la France, un moment ébranlé, reprendrait tout son éclat.

Le budget de l'Etat, débarrassé de l'intérêt et de l'amortissement de cette monstrueuse dette, économisant pendant trois ans l'entretien des troupes allemandes sur notre territoire, trouvant dans l'émission de ces billets, non-seulement le solde du compte de monsieur de Bismark, mais encore le moyen de faire face à toutes les nécessités du présent, le budget de l'Etat, disons-nous, pourrait voir ses dépenses réduites dans de notables proportions, et ses ressources considérablement accrues par la création de recettes nouvelles.

Au surplus, le point essentiel de la combinaison que je propose étant d'empêcher autant que possible la création de rentes nouvelles, afin d'arriver à un rapide amortissement de nos frais de guerre, si nos financiers reculaient devant l'émission en papier de toute la somme que l'Etat va être forcé de se procurer, on pourrait commencer par lancer dans la circulation ce qu'il faudrait pour couvrir les dépenses que nous venons de faire et celles que va nécessiter la création de notre nouveau matériel de guerre. Un appel au crédit serait ensuite fait pour la première annuité due à la Prusse ; l'expérience d'un an dirait si on peut continuer l'émission des billets, et dans le cas où les inconvénients dépasseraient les avantages de cette mesure, on verserait chaque année dans le trésor allemand le milliard destiné au retrait du papier-monnaie, et le total de notre contribution étant de quatre milliards et demi, nous n'aurions au bout de trois ans qu'un nouvel emprunt de cinq cents millions à faire, pour le solde. Les banquiers de toutes les nations s'offrent à faciliter un immense emprunt ; leur empressement prouve le crédit de la France ; il prouve surtout la certitude que chacun a de réaliser de beaux bénéfices. Or, si tous les prêteurs gagnent à cette mesure, il est évident que le Trésor y perdra.

IV

J'ai dit plus haut que chaque année l'Etat retirerait de la circulation pour un milliard de billets ; cette mesure doit être la première condition de l'émission que je propose, et la garantie d'un dixième du revenu de chacun pendant cette période en assurera, quoi qu'il arrive, la pleine exécution. Les citoyens, en risquant de perdre dans une période de dix ans le revenu d'une année, auront la satisfaction de rendre promptement à leur patrie toute sa grandeur et toute sa prospérité. La reprise des affaires, qui en sera la conséquence forcée, les indemnisera rapidement, et ils n'auront plus à craindre l'accroissement indéterminé d'impôts de toute nature, que l'Etat serait forcé de créer pour faire face à tous les besoins de la situation. Une dépense de dix milliards ne s'impose pas tout d'un coup à un peuple sans que chacun ne subisse sa part du fardeau. Je suis convaincu que, s'il le fallait, chaque Français accepterait avec une patriotique résignation, le sacrifice d'un dixième de son revenu pendant dix ans; mais les économies qui seront réalisées, les ressources qui seront créées s'élèveront bien à sept ou huit cents millions, et comme le revenu individuel ne servira qu'à parfaire la différence, on n'aura recours à la caution individuelle que dans la proportion de deux ou trois cents millions, soit deux ou trois pour cent du revenu. Rien ne sera plus facile, d'ailleurs, que d'établir approximativement les bases de la garantie de chacun ; pour les immeubles, le conseil municipal de chaque commune, joint aux plus forts imposés et à un certain nombre de répartiteurs, et assisté d'un contrôleur des finances, établira facilement, à défaut de baux ou de renseignements positifs, le revenu de chaque immeuble, dont on déduira l'impôt et le vingtième représentant l'entretien et les réparations. Pour les capitaux, chaque compagnie, chaque société industrielle sera chargée de payer elle-même à l'Etat sa part de garantie, afin d'éviter toute vexation et la recherche de la fortune individuelle, dont le chiffre doit être soustrait à l'indiscrétion publique. Les dettes hypothécaires sont connues ; il n'y aura donc que l'argent prêté sur simples billets qui échappera au contrôle et comme les sommes que ce mode de placement représente n'ont fait partie d'aucune statistique, l'équilibre de mes évaluations n'en sera pas dérangé.

La mesure que je propose atteindra donc son but sans trop de difficultés et avec une charge modérée pour chacun ; j'ajouterai que cette charge ne pèsera que sur la fortune acquise; le travailleur en sera forcément exempt. Le propriétaire payant en raison du revenu de sa ferme ou de sa maison, le fermier et le locataire seront déchargés de toute responsabilité. L'argent qui se gagne, le salaire quotidien seront exempts de toute recherche et l'impôt en question n'atteindra que ceux qui, tout en se gênant, pourront le supporter.

V

Il me reste à indiquer quelques-unes des économies qui pourraient être réalisées, quelques-unes des ressources qu'il serait possible de créer.

La réorganisation de notre armée et l'adoption du système prussien aura pour conséquence une énorme diminution de dépenses; tous les citoyens étant soldats, nous n'aurons plus besoin d'une armée permanente considérable. Deux classes seulement seront à la fois sous les drapeaux, et le matériel de guerre étant complet, les armes nombreuses, les arsenaux pleins, il n'y aura pas lieu à des crédits supplémentaires continuels. Le budget de la guerre en Prusse, dans les circonstances normales, est de cent soixante quinze millions; quelle disproportion avec le chiffre du nôtre, et cependant quelle différence dans le résultat ! Les troupes ne séjournant plus dans les villes, où elles s'énervent et prennent des habitudes de mollesse et d'indiscipline si regrettables, seront occupées à des travaux utiles qui compléteront du reste leur instruction. Les fortifications, les camps retranchés, à l'aide desquels nous serons obligés de garantir, dans un bref délai, notre frontière nouvelle contre les agressions possibles de la Prusse, seront faits par le soldat et coûteront peu à l'Etat.

Sous un gouvernement vraiment national, nous n'avons besoin d'aucune troupe pour soutenir le pouvoir, et la garde nationale réorganisée et complètement armée se chargera du maintien de l'ordre dans les villes. Seul, Paris, où se sont réfugiées toutes les passions mauvaises, Paris, qui est le rendez-vous de toutes les natures aigries et de tous les êtres déclassés, Paris enfin où le génie du mal a fixé le centre de son action et répandu avec une perversité toujours croissante le plus d'idées malsaines et subversives, Paris, dis-je, aurait besoin d'une force conservatrice défendant la société contre les violences de la démagogie furieuse. Mais cette question, qui se présentera plus tard, pourrait être résolue dans le sens de la négative, si l'on prenait le sage parti d'éloigner pour toujours de cette ville la représentation nationale qui ne peut rester à la merci d'une tourbe à laquelle nous devons tous les malheurs de notre patrie. La France est lasse des révolutions; elle n'en veut plus, et elle prendra les mesures qu'il faudra pour en prévenir le retour.

Après la réforme de l'armée, vient celle des places salariées. Le *fonctionnarisme* est une des plaies de notre pays; la moitié de notre jeunesse n'a d'autre aspiration que d'obtenir un emploi de l'Etat, et, pour satisfaire à des demandes toujours croissantes, combien n'a-t-on pas créé de places inutiles que l'on pourrait supprimer facilement! Non-seulement il résulterait de cette réforme une grande économie pour notre budget, mais le commerce, l'industrie, l'agriculture profiteraient nécessairement sur une large échelle de ces forces nombreuses, actuellement engourdies dans les rouages gouvernementaux, et qui retrouveraient cette initiative des entreprises individuelles qui fait les caractères solides et les grandes nations.

C'est à l'Assemblée nationale qu'il appartiendra de faire l'élimination. Un examen sérieux est essentiel, parce que dans une question de cette nature il ne faudrait rien entreprendre à la légère.

Je me borne à demander :

Si les sous-préfectures, sauf quelques-unes qui se trouvent dans des centres considérables, sont bien indispensables, et si elles rendent à l'Administration des services en rapport avec les sommes qu'elles coûtent?

Si les conseils de préfecture ne pourraient être remplacés par une délégation du Conseil général, dont les membres feraient gratuitement et à tour de rôle le travail dont sont actuellement chargés les conseillers de préfecture?

Si en étendant un peu les attributions des juges de paix on ne pourrait supprimer beaucoup de tribunaux de première instance? Est-il réellement nécessaire qu'il y en ait un par arrondissement ? (1).

Je demanderai encore: si les nombreuses inspections ne pourraient pas être remplacées par l'initiative particulière? si les Sociétés savantes ne rempliraient pas le but que le gouvernement s'est proposé en voulant sur toutes les questions recevoir des rapports officiels ? si les Sociétés agricoles ne remplaceraient pas avantageusement les inspecteurs de l'agriculture? etc. etc.

Je demanderai surtout si une large décentralisation ne rendrait pas inutiles une foule de bureaux chargés de centraliser les papiers et les correspondances, qu'il faut envoyer de la mairie à la sous-préfecture, de la sous-préfecture à la préfecture, de la préfecture au ministère?

(1) On objectera que leur suppression entraînera le rachat des charges d'avoués et huissiers, et par conséquent l'emploi d'un certain capital ; l'objeciion est fondée ; mais le prix de ces charges ne pourrait-il être amorti par les titulaires des tribunaux qui seraient conservés, ou leur siége transféré auprès de ces tribunaux?

tout cela pour avoir une signature ou une approbation complètement inutile, sur la disposition d'une maison d'école, l'architecture d'une église ou le tracé d'un chemin? Les communes ne pourraient-elles faire un peu plus leurs affaires et l'administration préfectorale ne suffirait-elle pas pour un contrôle efficace?

J'en passe, et beaucoup ; je me contente d'indiquer la nature de la réforme; l'étude attentive du budget fera suffisamment connaître les détails sur lesquels elle doit porter.

Il y a des économies considérables à réaliser et qui se présentent toutes seules: sur la liste civile, le conseil privé, le Sénat, qui, s'il est rétabli, peut se contenter d'une indemnité pareille à celle que touchent nos députés.

Enfin il est un chapitre que je supprimerais complètement, c'est celui des subventions et des allocations. Rendez aux départements et aux communes la gestion de leurs intérêts; donnez aux Sociétés de bienfaisance la liberté et l'égalité du droit commun, et vous n'aurez aucune subvention à donner; l'initiative des intéressés les remplacera avantageusement. Donc, rien aux départements pour leurs travaux, rien aux communes pour leurs églises, leurs chemins, leurs maisons d'école; laissez-leur la charge qui leur incombe en vous déchargeant d'une répartition presque toujours due à la faveur et allant par conséquent très-souvent aider ceux qui ont le moins besoin de l'être.

Ce sera plus moral, plus juste, plus économique; la candidature officielle deviendra dès lors impossible et des sommes énormes resteront à la masse de la nation.

Je termine ce chapitre par l'énonciation d'un projet qui pourrait être compris dans l'ensemble des réformes de notre Administration et qui deviendrait la base nouvelle de la perception des impôts.

L'Etat devrait, selon moi, racheter le privilége de la Banque de France et la remplacer par une banque d'Etat qui aurait des succursales dans chaque département et des délégations dans tous les chefs-lieux de canton.

Cette administration nouvelle faciliterait, en premier lieu, et developperait rapidement les relations commerciales; elle absorberait et étendrait à toutes les communes le système des caisses d'épargne ; enfin elle se chargerait de l'encaissement de tous les impôts et des paiements de l'Etat. On pourrait dès lors supprimer les receveurs généraux et particuliers, les payeurs et tout le personnel employé à la perception. Les conseils municipaux, par l'entremise du maire ou d'une commission prise dans son sein, feraient rentrer les impôts qui incomberaient à leur commune et en verseraient le montant à la délégation cantonale. On conçoit dès lors l'immense économie qui en résulterait.

D'autre part, l'Etat a besoin, pour assurer ses services, d'avoir constamment en circulation et pour plusieurs centaines de millions des bons du Trésor portant intérêt : les billets de banque, qu'il ne peut se procurer maintenant sans payer de gros intérêts, les remplaceraient bien avantageusement, et, toujours limités dans leur émission, comme les bons du Trésor, ils n'offriraient aucun des inconvénients qui s'attachent à la transmission de ces bons.

Enfin, plus tard, lorsque le papier à émettre serait retiré, la banque de l'Etat pourrait joindre à ses attributions celle qui a été réservée au Crédit foncier, et venir en aide à l'industrie et à l'agriculture par des prêts à longue échéance et hypothéqués sans frais sur les immeubles; ces prêts, consentis à trois ou quatre pour cent, donneraient au Trésor une somme considérable et rendraient au pays un immense service qui se traduirait par une augmentation constante et réelle de la fortune publique.

VI

A côté des économies à réaliser, se place la création de ressources nouvelles, qui, en allégeant la responsabilité qui doit peser sur le revenu de chaque citoyen, permettent de retirer, sans y avoir recours dans de grosses proportions, le papier qui sera émis.

En première ligne, je place la vente des biens de l'Etat, sauf des exceptions dont on comprendra la convenance et qui concernent Versailles, Fontainebleau, Compiègne et autres palais de la nation, ainsi que les forêts qui les entourent. Tous ces immeubles, à cause des frais de leur gestion, sont loin de rendre à l'Etat un revenu proportionnel à leur valeur réelle ; on gagnerait à leur vente la suppression d'un service fort coûteux, les impôts fonciers annuels et les droits de mutation, si importants, qui sont payés pour la transmission de la propriété particulière. Les sommes provenant de ces ventes seraient totalement versées à la caisse de l'amortissement, qui en achèterait des rentes et diminuerait d'autant la lourde charge des intérêts que l'Etat doit pour sa dette.

Les valeurs étrangères ont été jusqu'à ce jour exemptes de tout impôt, tandis que les valeurs françaises paient une redevance sur chaque coupon. Si une préférence doit être faite, n'est-ce pas en faveur de nos valeurs ? Notre pays est devenu depuis quelques années le grand marché monétaire du monde ; c'est sur ses places que l'Italie, l'Autriche, l'Espagne, l'Amérique, l'Egypte, la Turquie, la Prusse elle-même et tous les Etats secondaires sont venus chercher l'argent qu'ils n'avaient pas pour payer leurs dettes, construire leurs voies ferrées, ouvrir des canaux, etc. Les sommes prêtées ainsi par la France se comptent par milliards ; il est temps que ce drainage métallurgique s'arrête. Un impôt sur toutes ces valeurs, qui ne pourraient plus être négociées à aucune Bourse sans porter sur le coupon semestriel une estampille indiquant que l'impôt a été payé, aurait deux conséquences importantes : la première serait de rétablir l'égalité des conditions entre les valeurs françaises et étrangères ; la seconde serait de faire abandonner un peu ces dernières,et l'éloignement de certains titres qui pour se soustraire à l'impôt retourneraient dans leurs pays, profiterait au crédit de nos valeurs nationales.

Les bureaux de tabac sont concédés gratuitement et constituent un privilége individuel, qui, s'il sert quelquefois à récompenser des services rendus au pays, s'écarte bien aussi de temps à autre de ce but, et n'est souvent que le prix d'une faveur ou de sollicitations bien appuyées. Le plus ordinairement, le titulaire n'exploite pas lui-même son bureau ; il le loue, et ce prix de location constitue pour l'heureux privilégié une rente viagère sans la moindre charge.

Ne vaudrait-il pas mieux, si l'Etat a des services à récompenser, qu'il donne des pensions à ceux qui produiraient des titres réels, mais qu'il mette aux enchères tous ses bureaux de tabac? On ne se rend pas un compte exact de la somme produite par cette juste adjudication; elle serait considérable et cette mesure mettrait fin à un privilége et à d'innombrables demandes, pour la réussite desquelles l'influence de la personne qui recommande est souveraine.

Les traités de commerce passés avec les Etats voisins ont produit de cruels mécomptes ; si quelques-unes de nos industries y ont gagné, beaucoup y ont perdu, plusieurs sont mortes.

Ne pourrait-on, maintenant que l'on a l'expérience pour guide, réviser tous les tarifs et rétablir sur beaucoup d'articles des droits protecteurs qui redonneraient à notre industrie l'éclat que la concurrence étrangère, souvent impossible à soutenir, lui enlevait et qui auraient le mérite de remplir nos caisses de grosses sommes dont elles ont tant besoin?

Il ne s'agit plus de faire de la théorie et de se laisser dominer par le côté généreux des questions ; prenons exemple sur nos voisins, qui se rient de notre nature chevaleresque, et, comme eux, devenons momentanément égoïstes. La guerre actuelle a fait rétrograder la civilisation ; relevons quelques-unes de nos barrières et, à l'exemple de l'Amérique, qui est la nation pratique par excellence, payons avec l'or d'un étranger barbare ou indifférent le plus que nous pourrons de notre dette.

Après les grandes sources de revenus que je viens d'indiquer, il reste le chapitre des impôts nouveaux, qui, sous forme de contribution de guerre, n'auraient qu'un caractère momentané.

Je place en première ligne ceux dont la perception ne coûterait rien à l'Etat et serait moins impopulaires, parce que l'impôt ajouté au prix de la marchandise n'aurait rien de vexatoire.

Cette contribution devant atteindre le moins possible les objets de première nécessité, je signalerai comme devant être frappés :

Le tabac à fumer et à priser, les cigares, la poudre de chasse, les capsules, les cartes à jouer, les allumettes, toutes choses dont on peut se passer à la rigueur et dont on n'use que pour se procurer un plaisir.

Le sucre, le thé, le café, le cacao, la cannelle, la vanille et autres denrées similaires, que je ne considère pas comme objets de première nécessité, ne pourraient-ils supporter un accroissement temporaire de taxe?

Le demi-décime de guerre, qui a été supprimé il y a quelque temps, serait rétabli.

Les quittances au-dessus de 10 francs devraient, comme en Angleterre, être revêtues d'un timbre mobile, qui serait ensuite couvert par la signature de la personne qui donnerait l'acquit.

Il y aurait aussi le timbre des journaux, mais je le laisse dans l'ombre, de crainte de m'attirer le mauvais vouloir de la presse ; cependant la nourriture qu'elle sert au public est souvent si malsaine qu'elle pourrait bien être rangée dans la catégorie des objets dont il vient d'être parlé et qui ne sont pas des objets de première nécessité. Au surplus, toutes ces augmentations de taxe devant diminuer d'autant le chiffre de la garantie effective de chacun, qui ne les paierait sans murmure ? et quel est l'abonné qui ne consentirait, vu les circonstances, à payer, pendant quelque temps, au prix d'un petit supplément, le plaisir que lui cause la lecture de son journal?

La taxe des lettres, reportée à vingt-cinq centimes, serait aussi la source d'un accroissement notable dans les recettes de l'administration des postes, et le commerce qui le paierait en partie n'en souffrirait pas d'une manière sensible.

Il faut, au surplus, obtenir le résultat que l'on veut atteindre, et dix milliards ne se paient pas sans laisser quelques traces et sans imposer aucune gêne. Nous portons la peine de nos fautes, il faut les expier, et, en nous mettant courageusement à l'œuvre, nous aurons la satisfaction de réduire à une courte période la durée de nos sacrifices.

RÉSUMÉ

La France, grevée de quinze milliards de dettes, doit faire face à une nouvelle charge de onze milliards, dont cinq doivent être payés à la Prusse, quatre servir à solder nos dépenses et deux à créer un formidable matériel de guerre, à refaire les travaux les plus indispensables et à donner, dans des limites raisonnables, des indemnités aux populations qui ont le plus souffert. Un milliard ayant été fourni par l'emprunt, il ne reste plus que dix milliards à trouver.

Notre budget, avec ses dépenses réduites par de sages réformes et ses recettes accrues par la création de ressources nouvelles, doit économiser de sept à huit cents millions par an, et la France peut trouver, par conséquent, à emprunter la somme qu'il lui faut, quelque énorme qu'elle soit ; mais si elle a recours au crédit pour affranchir sa situation, elle se met dans l'impossibilité de rien entreprendre dans l'avenir, et la nation restera à perpétuité grevée d'impôts qui ne devraient être que temporaires.

En adoptant la mesure dont je parle, c'est-à-dire en émettant, selon les besoins, jusqu'à concurrence de dix milliards de billets ayant cours forcé, avec amortissement obligatoire en dix ans, ou cinq milliards seulement avec un amortissement qui ne commencera que dans cinq ans, on laisse intactes toutes les ressources qui auraient servi à payer les gros intérêts de l'emprunt ; l'Etat, débarrassé du souci de cette charge nouvelle, peut en peu de temps faire reprendre à la France le rang qu'elle avait dans le monde et qu'elle n'aurait jamais dû perdre. L'évacuation de notre territoire aura lieu de suite et, tout en gagnant les sommes qui doivent entretenir l'armée allemande, nous nous procurerons l'immense satisfaction de délivrer notre sol d'un ennemi abhorré.

Je propose donc :

1° d'émettre des billets de banque garantis par l'Etat et ayant cours forcé, jusqu'à concurrence d'une somme de dix milliards ;

2° De faire cautionner le remboursement de ces billets par le revenu individuel du pays, sans que la caution de chacun puisse en aucun cas dépasser le dixième de son revenu, et de retirer de la circulation tout le papier émis en dix ans au plus, au moyen des économies réalisées, des ressources créées et de l'appel à la garantie dont il vient d'être parlé et dont la quotité sera fixée par une loi à la fin de chaque exercice ;

3° d'établir le revenu des immeubles contradictoirement par le conseil municipal, les plus forts imposés et les répartiteurs, assistés d'un contrôleur des finances et en présence des intéressés convoqués et appelés à tour de rôle pour fournir les explications qu'ils croiraient utiles ; et de distraire de l'évaluation ainsi faite le montant des impôts et le vingtième du revenu laissé pour réparations ou frais d'entretien.

4° Le montant des créances hypothécaires étant connu de l'administration chargée de cette branche, celle-ci sera tenue de faire toucher la quote-part du créancier et de la verser dans les caisses de l'Etat. Les sociétés industrielles, commerciales, ainsi que les compagnies ayant pour but une exploitation quelconque, seront tenues de payer la part afférente à chacune de leurs actions ou obligations ;

5° A la fin de chaque exercice, les économies réalisées sur le budget seront, sans retenue aucune, employées au retrait du papier émis, et la somme qui manquera pour parfaire un milliard sera répartie au marc le franc sur tous les contribuables désignés plus haut;

6° Afin d'alléger la charge que la caution fournie par ces derniers pourrait leur imposer, l'Etat, après avoir réalisé toutes les économies et fait toutes les réformes possibles, se créera des ressources nouvelles :

1° Par la vente des biens et forêts de l'Etat ne faisant pas partie d'un tènement de fonds attenant à une habitation souveraine. Le produit de ces ventes servira, sans exception, à l'amortissement de l'ancienne dette, afin de diminuer d'autant le fardeau de la rente à payer;

2° Par un droit qui, en frappant les valeurs étrangères, les mettrait tout au moins sur un pied d'égalité parfaite avec les valeurs françaises ;

3° Par la mise aux enchères des bureaux de tabac, qui seraient dorénavant adjugés aux plus offrants, sous la seule réserve des garanties de droit ;

4° Par la révision de nos tarifs de douane, qui seraient remaniés et établis de manière à produire le plus possible sans nuire à notre commerce et en tenant compte, dans une juste limite, des intérêts des consommateurs ;

5° Une commission animée d'un large esprit de décentralisation sera nommée pour étudier avec soin l'utilité pratique des fonctions actuellement existantes, et soumettra à l'Assemblée nationale un rapport concluant à la suppression de toutes celles qui sont une restriction de la liberté de l'individu, de la commune ou du département ; de toutes celles dont le but n'est que d'amener à une centralisation qui énerve le pays ; de toutes celles enfin qui ne seraient pas reconnues être d'une utilité incontestable.

Le projet que je viens d'esquisser n'est point une utopie, et les solutions qu'il affirme ne sont pas de vaines promesses. Les travaux d'une commission d'étude le compléteraient sans doute; mais, déjà tel quel, il me paraît être vraiment pratique et réalisable. Les mesures et les sacrifices qu'il propose n'ont rien d'excessif. Par tout pays, le revenu immobilier et mobilier est nécessairement la ressource nationale ; c'est là qu'on puise forcément dans les grandes catastrophes aussi bien que dans les circonstances normales. En répartissant sur une période de dix années le paiement de nos frais de guerre, ma combinaison allége la charge de chacun, et l'on peut dire que le sacrifice devient relativement léger. Quoi qu'il en soit, ce sacrifice est nécessaire ; espérons que ses conséquences morales dédommageront notre pays. Si le caractère français se retrempe dans les épreuves que nous avons traversées et les privations qui doivent en être la suite ; si nous laissons de côté la passion du luxe, l'esprit dissipateur dont l'empire déchu avait favorisé le développement ; si, pour faire face à nos affaires, nous devenons plus sérieux, plus économes, plus moraux, nos malheurs actuels auront été le point de départ d'un avenir meilleur. Il y a des leçons qui se paient bien cher. Heureux ceux qui savent en profiter !

Richemont (Ain), le 15 mars 1871.

www.ingramcontent.com/pod-product-compliance
Lightning Source LLC
LaVergne TN
LVHW010301230826
846091LV00007B/3078
9782011785978